Wilhelm Busch

Die fromme Helene

in Holz geschnitten von Ettling - 111tes bis 113tes Tausend

Wilhelm Busch

Die fromme Helene
in Holz geschnitten von Ettling - 111tes bis 113tes Tausend

ISBN/EAN: 9783744671248

Hergestellt in Europa, USA, Kanada, Australien, Japan

Cover: Foto ©ninafisch / pixelio.de

Weitere Bücher finden Sie auf **www.hansebooks.com**

Die
Fromme Helene

von

Wilhelm Busch.

In Holz geschnitten von Ettling.

III^{tes} bis 113tes Tausend

München.

Verlag von Fr. Bassermann.

1899.

Erstes Capitel.

Wie der Wind in Trauerweiden
Tönt des frommen Sängers Lied,
Wenn er auf die Lasterfreuden
In den großen Städten sieht.

Ach, die sittenlose Presse!
Thut sie nicht in früher Stund
All die sündlichen Exzesse
Schon den Bürgersleuten kund?!

Offenbach ist im Thalia,
Hier sind Bälle, da Konzerts.
Ännchen, Hannchen und Maria
Hüpft vor Freuden schon das Herz.

Kaum trank man die letzte Tasse,
Putzt man schon den ird'schen Leib.
Auf dem Walle, auf der Gasse
Wimmelt man zum Zeitvertreib.

Wie sie schauen, wie sie grüßen!
Hier die zierlichen Mosjös,
Dort die Damen mit den süßen,
Himmlisch hohen Prachtpopös.

Und der Jud mit krummer Ferse,
Krummer Naf' und krummer Hof'
Schlängelt sich zur hohen Börse
Tiefverderbt und seelenlos.

Schweigen will ich von Lokalen,
Wo der Böse nächtlich praßt,
Wo im Kreis der Liberalen
Man den heil'gen Vater haßt.

Schweigen will ich von Konzerten,
Wo der Kenner hoch entzückt
Mit dem seelenvoll-verklärten
Opernglase um sich blickt;

Wo mit weichen Wogebusen
Man schön warm beisammen sitzt,
Wo der hehre Chor der Musen,
Wo Apollo selber schwitzt.

Schweigen will ich vom Theater:
Wie von da, des Abends spät,
Schöne Mutter, alter Vater
Arm in Arm nach Hause geht.

Zwar man zeuget viele Kinder,
Doch man denket nichts dabei.
Und die Kinder werden Sünder,
Wenn's den Eltern einerlei.

„Komm Helenchen!" sprach der brave
Vormund — „Komm, mein liebes Kind!
„Komm auf's Land, wo sanfte Schafe
„Und die frommen Lämmer sind.

„Da ist Onkel, da ist Tante,
„Da ist Tugend und Verstand,
„Da sind deine Anverwandte!"

So kam Lenchen auf das Land.

Zweites Capitel.

"Helene!" — sprach der Onkel Nolte —
"Was ich schon immer sagen wollte!
"Ich warne dich als Mensch und Christ:

   "Oh, hüte dich vor allem Bösen!
   "Es macht Pläsir, wenn man es ist,
   "Es macht Verdruß, wenn man's gewesen!"

"Ja leider!" — sprach die milde Tante —
"So ging es Vielen, die ich kannte!
"Drum soll ein Kind die weisen Lehren
"Der alten Leute hochverehren!
"Die haben Alles hinter sich
"Und sind, gottlob! recht tugendlich!

"Nun, gute Nacht! es ist schon späte!
"Und, gutes Lenchen, bete! bete!"

Helene geht. — Und mit Vergnügen
Sieht sie des Onkels Nachthemd liegen.

Die Nadel her, so schnell es geht!
Und Hals und Aermel zugenäht!!

Darauf begibt sie sich zur Ruh
Und deckt sich warm und fröhlich zu.

Bald kommt der Onkel auch herein
Und scheint bereits recht müd zu sein.

Erst nimmt er seine Schlummerprise,
Denn er ist sehr gewöhnt an diese.

Und nun vertauscht er mit Bedacht
Das Hemd des Tags mit dem der Nacht.

Doch geht's nicht so, wie er wohl möcht,
Denn die Geschichte will nicht recht.

„Potz tausend, das ist wunderlich!"
Der Onkel Nolte ärgert sich.

Er ärgert sich, doch hilft es nicht.
Ja siehste wohl! da liegt das Licht!

Stets größer wird der Aerger nur,
Es fällt die Dose und die Uhr.

Rackl — stößt er an den Tisch der Nacht,
Was einen großen Lärm gemacht.

Hier kommt die Tante mit dem Licht. —
Der Onkel hat schon Luft gekriegt.

„Oh, sündenvolle Kreatur!!
Dich mein ich dort! — Ja schnarche nur!"

———

Helene denkt: Dies will ich nun
Auch ganz gewiß nicht wieder thun.

Drittes Capitel.

Helenchen wächst und wird gescheidt

Und trägt bereits ein langes Kleid. —
„Na, Lene! hast du's schon vernommen?
Der Vetter Franz ist angekommen."
So sprach die Tante früh um achte,
Indem sie grade Kaffee machte.
„Und, hörst du, sei fein hübsch manierlich
Und zeige dich nicht ungebührlich,
Und sitz' bei Tische nicht so krumm
Und gaffe nicht so viel herum.
Und ganz besonders muß ich bitten:
Das Grüne, was so ausgeschnitten —
Du ziehst mir nicht das Grüne an,
Weil ich's nun mal nicht leiden kann."

„Ei! — denkt Helene — Schläft er noch?"
Und schaut auch schon durch's Schlüsselloch.

Der Franz, ermüdet von der Reise,
Liegt tief versteckt im Bettgehäuse.

„Ah, ja ja jam!" — so gähnt er eben —
„Es wird wohl Zeit, sich zu erheben

„Und sich allmählich zu bequemen,
„Die Morgenwäsche vorzunehmen."

Zum ersten: ist es mal so schicklich,

Zum zweiten: ist es sehr erquicklich;

Zum dritten: ist man sehr bestaubt

Und viertens: soll man's überhaupt.

Denn fünftens: ziert es das Gesicht

Und schließlich: schaden thut's mal nicht!

Wie fröhlich ist der Wandersmann,
Zieht er das reine Hemd sich an.

Und neugestärkt und friedlich-heiter
Bekleidet er sich emsig weiter.

Und ärndtet endlich stillerfreut

Die Früchte seiner Reinlichkeit.

Jetzt steckt der Franz die Pfeife an,
Helene eilt, so schnell sie kann.

Plemm!! — stößt sie an die alte Brause,
Die oben steht im Treppenhause.

Sie kommt auf Hannchen hergerollt,
Die Franzen's Stiefel holen wollt.

Die Lene rutscht, es rutscht die Hanne;
Die Tante trägt die Kaffekanne.

Da geht es Klirr! und Klipp! und Klapp!
Und auch der Onkel kriegt was ab.

Viertes Capitel.

Der Franz, ein Schüler hochgelehrt,
Macht sich gar bald beliebt und werth.

So hat er einstens in der Nacht
Beifolgendes Gedicht gemacht:

Als ich so von ungefähr
Durch den Wald spazierte,
Kam ein bunter Vogel, der
Pfiff und quinquilierte.

Was der bunte Vogel pfiff,
Fühle und begreif' ich:
Liebe ist der Inbegriff,
Auf das Andre pfeif' ich.

Er schenkt's Helenen, die darob
Gar hocherfreut und voller Lob.

Und Franz war wirklich angenehm,
Theils dieserhalb, theils außerdem.

Wenn in der Küche oder Kammer
Ein Nagel fehlt — Franz holt den Hammer!

Wenn man den Kellerraum betritt,
Wo's öd und dunkel — Franz geht mit!

Wenn man nach dem Gemüse sah
In Feld und Garten — Franz ist da! —

Oft ist z. B. an den Stangen
Die Bohne schwierig zu erlangen.

Franz aber faßt die Leiter an,
Daß Lenchen ja nicht fallen kann.

Und ist sie dann da oben fertig —

Franz ist zur Hülfe gegenwärtig.

Kurzum! Es sei nun, was es sei —
Der Vetter Franz ist gern dabei.

Indessen ganz insonderheit
Ist er voll Scherz und Lustbarkeit.

Schau, schau! Da schlupft und hupft im Grün
Ein Frosch herum! — Gleich hat er ihn!

Und setzt ihn heimlich nackt und bloß
In Nolten seine Tabacksdos'.

Wie nun der sanfte Onkel Nolte
Sich eine Prise schöpfen wollte —

Hucks da! Mit einem Satze saß
Der Frosch an Nolten seiner Nas.

Platsch! springt er in die Tasse gar,
Worin noch schöner Kaffee war.

Schlupp! sitzt er in der Butterbemme
Ein kleines Weilchen in der Klemme.

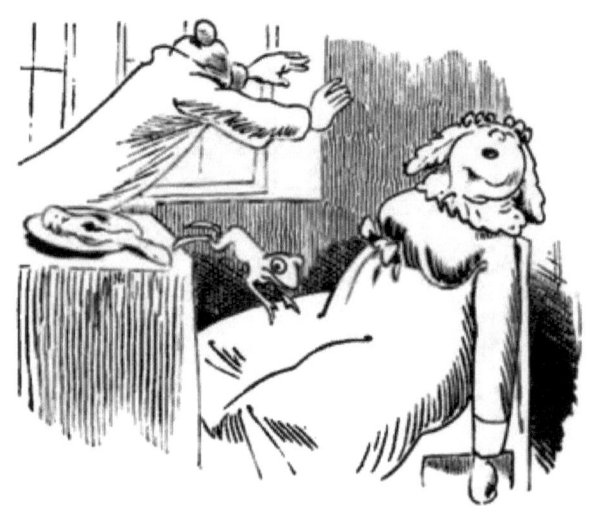

Putsch!! — Ach, der Todesschreck ist groß!
Er hupft in Tante ihren Schooß.

Der Onkel ruft und zieht die Schelle:
„He, Hannchen, Hannchen, komme schnelle!“

Und Hannchen ohne Furcht und Bangen
Entfernt das Scheusal mit der Zangen.

Nun kehrt die Tante auch zum Glück
In's selbstbewußte Sein zurück.

Wie hat Helene da gelacht,
Als Vetter Franz den Scherz gemacht!

Eins aber war von ihm nicht schön:
Man sah ihn oft bei Hannchen stehn!
Doch jeder Jüngling hat wohl mal
'n Hang für's Küchenpersonal,
Und sündhaft ist der Mensch im Ganzen!
Wie betet Lenchen da für Franzen!!

Nur Einer war, der heimlich grollte!
Das ist der ahnungsvolle Nolte.
Natürlich thut er dieses blos
In Anbetracht der Tabacksdos'.
Er war auch wirklich voller Freud,
Als nun vorbei die Ferienzeit
Und Franz mit Schrecken wiederum
Zurück muß auf's Gymnasium.

– – –

Fünftes Capitel.

„Und wenn er sich auch ärgern sollte,
Was schert mich dieser Onkel Nolte!"

So denkt Helene leidergotts!
Und schreibt dem Onkel grad zum Trotz:

„Geliebter Franz!
„Du weißt es ja, dein bin ich ganz!

„Wie reizend schön war doch die Zeit,
„Wie himmlisch war das Herz erfreut,

„Als in den Schnabelbohnen drin
„Der Jemand eine Jemandin,

„Ich darf wohl sagen: herzlich küßte. —
„Ach Gott, wenn das die Tante wüßte!

„Und ach! wie ist es hierzuland
„Doch jetzt so schrecklich anigant!

„Der Onkel ift, gottlob! recht dumm,

„Die Tante nöckert fo herum,
„Und beide find fo furchtbar fromm;
„Wenn's irgend möglich, Franz, fo komm
„Und trockne meiner Sehnfucht Thräne!
„10,000 Küffe von

Helene."

Jetzt Siegellack! — Doch weh! alsbald

Ruft Onkel Nolte donnernd: halt!

Und an Helenens Nase stracks
Klebt das erhitzte Siegelwachs.

Sechstes Capitel.

In der Kammer, still und dunkel,
Schläft die Tante bei dem Onkel.

Mit der Angelschnur versehen
Naht sich Lenchen auf den Zehen.

Zupp! — schon lüftet sich die Decke
Zu des Onkels großem Schrecke.

Zupp! — Jetzt spürt die Tante auch
An dem Fuß den kalten Hauch.

„Nolte!" — ruft sie — „Lasse das,
„Denn das ist ein dummer Spaß!"

Und mit Murren und Gebrumm
Kehrt man beiderseits sich um.

Schnupp! — da liegt man gänzlich bloß
Und die Zornigkeit wird groß;

Und der Schlüsselbund erklirrt,
Bis der Onkel flüchtig wird.

Autſch! Wie thut der Fuß ſo weh!
An der Angel ſitzt die Zeh.

Lene hört nicht auf zu zupfen,
Onkel Nolte, der muß hupfen.

Lene hält die Thüre zu.
Oh, du böse Lene du!

Stille wird es nach und nach,
Friede herrscht im Schlafgemach.

Am Morgen aber ward es klar,
Was Nachts im Rath beschlossen war.
Kalt, ernst und dumpf sprach Onkel Nolte:
„Helene, was ich sagen wollte: —"

„Ach!" — rief sie — „Ach! Ich will es nun
Auch ganz gewiß nicht wieder thun!"

„Es ist zu spät! — drum stantepeh
Pack deine Sachen! — So! — Ade!"

Siebentes Capitel.

— ·—

Rathsam ist und bleibt es immer
Für ein junges Frauenzimmer,
Einen Mann sich zu erwählen
Und wo möglich zu vermählen.
Erstens: Will es so der Brauch.
Zweitens: Will mans selber auch.
Drittens: Man bedarf der Leitung
Und der männlichen Begleitung;
Weil bekanntlich manche Sachen,
Welche große Freude machen,
Mädchen nicht allein verstehn;
Als da ist: in's Wirthshaus gehn. —

Freilich oft, wenn man auch möchte,
Findet sich nicht gleich der Rechte;
Und derweil man so allein,
Sucht man sonst sich zu zerstreu'n.

Lene hat zu diesem Zwecke
Zwei Kanari in der Hecke,

Welche Niep und Piep genannt.
Zierlich fraßen aus der Hand
Diese goldignetten Mäßchen;

Aber Mienzi hieß das Käßchen.

Einstens kam auch auf Besuch
Kater Munzel, frech und klug.

Allsobald so ist man einig. —
Festentschlossen, still und schleunig

Ziehen sie voll Mörderdrang
Niep und Piep die Hälse lang.

Drauf so schreiten sie ganz heiter
Zu dem Raffeetische weiter. —
Mienzi mit dem sanften Tätzchen
Nimmt die guten Zuckerplätzchen.

Aber Munzels dicker Kopf
Quält sich in den Sahnetopf.

Grad kommt Lene, welche drüben
Eben einen Brief geschrieben,
Mit dem Licht und Siegellack
Und bemerkt das Lumpenpack.

Mienzi kann noch schnell enteilen,
Aber Munzel muß verweilen;

Denn es sitzt an Munzels Kopf
Festgeschmiegt der Sahnetopf.

Blindlings ſtürzt er ſich zur Erd'
Klacks! — Der Topf iſt nichts mehr werth.

Auf's Büffet geht es jetzunder;
Flaſchen, Gläſer — alles runter!

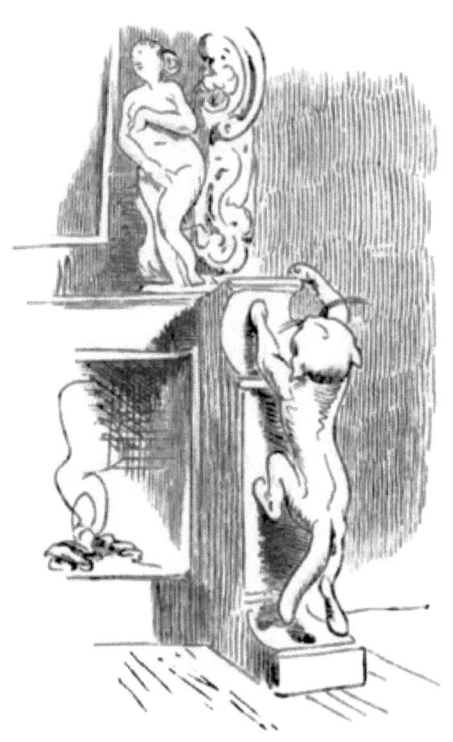

Ach! — Die Venus ist perdü —
Klickeradoms! — von Medici!

Sehr in Aengsten sieht man ihn
Aufwärts sausen am Kamin.

Weh! Mit einem Satze ist er
Vom Kamine an dem Lüster;

Und da geht es Klingelingelings!
Unten liegt das theure Dings.

Schnell ſucht Munzel zu entrinnen,
Doch er kann nicht mehr von hinnen. —

Wehe, Munzel! — Lene kriegt
Tute, Siegellack und Licht.

Allererst thut man die Tute
An des Schweifs behaarte Ruthe;

Dann das Lack, nachdem's erhitzt,
Auf die Tute, bis sie sitzt.

Drauf hält man das Licht daran,
Daß die Tute brennen kann.

Jetzt läßt man den Munzel los —
Mau! — Wie iſt die Hitze groß!

Achtes Capitel.

Wenn's Einer davon haben kann,
So bleibt er gerne dann und wann
Des Morgens, wenn das Wetter kühle,
Noch etwas liegen auf dem Pfühle
Und denkt sich so in seinem Sinn:
Na, dämmre noch 'n Bissel hin!
Und denkt so hin und denkt so her,
Wie dies wohl wär, wenn das nicht wär. —
Und schließlich wird es ihm zu dumm. —
Er wendet sich nach vorne um,
Kreucht von der warmen Lagerstätte
Und geht an seine Toilette.

Die Properter ist sehr zu schätzen,
Doch kann sie manches nicht ersetzen. —

Der Mensch wird schließlich mangelhaft.

Die Locke wird hinweggerafft. —

Mehr ist hier schon die Kunst zu loben,

Denn Schönheit wird durch Kunst gehoben. —
Allein auch dieses, auf die Dauer,
Fällt doch dem Menschen schließlich sauer. —

„Es sei!" — sprach Lene heute früh —
„Ich nehme Schmöck und Companie!"

G. J. C. Schmöck, schon längst bereit,
Ist dieserhalb gar hoch erfreut.
Und als der Frühling kam in's Land,
Ward Lene Madam Schmöck genannt.

Neuntes Capitel.

's war Heidelberg, das sich erwählten.
Als Freudenort die Neuvermählten. —

Wie lieblich wandelt man zu zwei'n
Das Schloß hinauf im Sonnenschein.

„Ach, sieh nur mal, geliebter Schorsch!
Hier diese Trümmer alt und morsch!"

„Ja!" — sprach er — „Aber diese Hitze!
Und fühle nur mal, wie ich schwitze!"

Ruinen machen vielen Spaß. —
Auch sieht man gern das große Faß.

Und — alle Ehrfurcht! — muß ich sagen.

Alsbald, so sitzt man froh im Wagen

Und sieht das Panorama schnelle
Vorüberziehn bis zum Hotelle;

Denn Spargel, Schinken, Coteletts
Sind doch mitunter auch was Netts.

„Pift! Kellner! Noch einmal fo Eine!" —
— Helenen ihre Uhr ift Neune. —

Der Kellner hört des Fremden Wort.
Es fauft der Frack. Schon eilt er fort.

Wie lieb und lustig perlt die Blase
Der Wittwe Klicko in dem Glase. —
Gelobt seist du viel tausend Mal!

Helene blättert im Journal.

Schon eilt der Kellner emsig fort. —
Helene spricht ein ernstes Wort. —

Der Kellner leuchtet auf der Stiegen.
Der fremde Herr ist voll Vergnügen.

Pitsch! — Siehe da! Er löscht das Licht.

Plums! liegt er da und rührt sich nicht.

Zehntes Capitel.

Viele Madams, die ohne Sorgen,
In Sicherheit und wohlgeborgen,
Die denken: Pa! Es hat noch Zeit! —
Und bleiben ohne Frömmigkeit. —

Wie lobenswerth ist da Helene!
Helene denkt nicht so wie Jene. —
Nein, nein! Sie wandelt oft und gerne
Zur Kirche hin, obschon sie ferne.

Und Jean mit demuthsvollem Blick,
Drei Schritte hinterwärts zurück,
Das Buch der Lieder in der Hand,
Folgt seiner Herrin unverwandt.

Doch ist Helene nicht allein
Nur auf sich selbst bedacht. — O nein! —
Ein guter Mensch gibt gerne Acht,
Ob auch der Andre was Böses macht;
Und strebt durch häufige Belehrung
Nach seiner Beß'rung und Bekehrung.

„Schang!" — sprach sie einstens — „Deine Taschen
Sind oft so dick! Schang! Thust du naschen!

Ja, siehst du wohl! Ich dacht es gleich!
Oh, Schang! Denk an das Himmelreich!"

Dies Wort drang ihm in die Natur,
So daß er schleunigst Beßrung schwur.

Doch nicht durch Worte nur allein
Soll man den Andern nützlich sein. —

Helene strickt die guten Jacken,
Die so erquicklich für den Nacken;
Denn draußen wehen rauhe Winde. —
Sie fertigt auch die warme Binde;
Denn diese ist für kalte Mägen
Zur Winterszeit ein wahrer Segen. —
Sie pflegt mit herzlichem Pläsir
Sogar den fränk'schen Offizier,
Der noch mit mehren dieses Jahr
Im deutschen Reiche seßhaft war. —

Besonders aber that ihr leid
Der armen Leute Bedürftigkeit. —
Und da der Arzt mit Ernst gerathen,
Den Leib in warmem Wein zu baden,

So thut sie's auch.

Oh, wie erfreut
Ist nun die Schaar der armen Leut',

Die, sich recht innerlich zu laben,
Doch auch mal etwas Warmes haben.

Elftes Capitel.

Viel Freude macht, wie männiglich bekannt,
Für Mann und Weib der heilige Eheſtand!
Und lieblich iſt es für den Frommen,
Der die Genehmigung dazu bekommen,
Wenn er ſodann nach der üblichen Friſt
Glücklicher Vater und Mutter iſt. —
— Doch manchmal ärgert man ſich blos,
Denn die Ehe bleibt kinderlos. —

— Dieſes erfuhr nach einiger Zeit
Helene mit großer Traurigkeit. —

Nun wohnte allda ein frommer Mann,
Bei St. Peter dicht nebenan,
Von Frau'n und Jungfrau'n weit und breit
Hochgeprieſen ob ſeiner Gelehrſamkeit. —
(Jetzt war er freilich ſchon etwas kränklich.)

Oh, meine Tochter! — ſprach er bedenklich —
Dieſes iſt ein ſchwierig Kapitel;
Da helfen allein die geiſtlichen Mittel!
Drum, meine Beſte, iſt dies mein Rath:
Schreite hinauf den ſteilen Pfad
Und folge der ſeligen Pilger-Spur
Gen Choſemont de bon secours,

Denn dorten, berühmt seit alter Zeit,
Stehet die Wiege der Fruchtbarkeit.
Und wer allda sich hinverfügt,
Und wer allda die Wiege gewiegt,
Der spürete bald nach selbigter Fahrt,
Daß die Geschichte anders ward.

Solches hat noch vor etzlichen Jahren
Leidergotts! eine fromme Jungfer erfahren,
Welche, indem sie bis dato in diesen
Dingen nicht sattsam unterwiesen,
Aus Unbedacht und kindlichem Vergnügen
Die Wiege hat angefangen zu wiegen. —
Und ob sie schon nur ein wenig gewiegt,
Hat sie dennoch ein ganz kleines Kind gekriegt. —

Auch kam da ein frecher Pilgersmann,
Der rühret aus Vorwitz die Wiegen an.
Darauf nach etwa etzlichen Wochen,
Nachdem er dieses verübt und verbrochen,
Und — — Doch, meine Liebe, genug für Heute!
Ich höre, daß es zur Metten läute.
Addio! Und Trost sei Dir beschieden!
Zeuge hin in Frieden!

Zwölftes Capitel.

Hoch von gnadenreicher Stelle
Winkt die Schenke und Capelle. —

Aus dem Thale zu der Höhe,
In dem seligen Gedränge
Andachtsvoller Christenmenge
Fühlt man froh des Andern Nähe;
Denn hervor aus Herz und Munde,
Aus der Seele tiefstem Grunde
Haucht sich warm und innig an
Pilgerin und Pilgersmann. —

Hier vor allen, schuhbestaubt,
Warm ums Herze, warm ums Haupt,
Oft erprobt in ernster Kraft,
Schreitet die Erzgebruderschaft. —

Izo kommt die Jungferngilde,
Auf den Lippen Harmonie,
In dem Busen Engelsmilde,
In der Hand das Paraplü. —
Oh, wie lieblich tönt der Chor!
Bruder Jochen betet vor. —

Aber dort im Sonnenscheine
Geht Helene traurig-heiter,

Sozu sagen, ganz alleine,

Denn ihr einziger Begleiter,
Stillverklärt im Sonnenglanz,
Ist der gute Vetter Franz,
Den seit Kurzem die Bekannten
Nur den „heil'gen" Franz benannten. —
Traulich wallen sie zu zweit
Als zwei fromme Pilgersleut.

Gottseidank, jetzt ist man oben!
Und mit Preisen und mit Loben

Und mit Eifer und Bedacht
Wird das Nöthige vollbracht.

Freudig eilt man nun zur Schenke,
Freudig greift man zum Getränke,
Welches schon seit langer Zeit
In des Klosters Einsamkeit
Ernstbesonnen, stillvertraut,
Bruder Jakob öfters braut.

Hiebei schau'n sich schmelzend an
Pilgerin und Pilgersmann.

Endlich nach des Tages Schwüle
Naht die sanfte Abendkühle.

In dem gold'nen Mondenscheine
Geht Helene froh und heiter,
So zu sagen, ganz alleine,
Denn ihr einziger Begleiter,
Stillverklärt im Mondesglanz,
Ist der heil'ge Vetter Franz.
Traulich zieh'n sie heim zu zweit
Als zwei gute Pilgersleut. —

Doch die Erzgebruderschaft
Nebst den Jungfern tugendhaft,
Die sich etwas sehr verspätet,
Kommen jetzt erst angebetet.
Oh, wie lieblich tönt der Chor!
Bruder Jochen betet vor.

Schau, da kommt von ungefähr
Eine Droschke noch daher. —

Er, der diese Droschke fuhr,
Frech und ruchlos von Natur,
Heimlich denkend: papperlapp!
Thuet seinen Hut nicht ab. —

Weh! Schon schau'n ihn grollend an
Pilgerin und Pilgersmann. —
Zwar der Kutscher sucht mit Klappen
Anzuspornen seinen Rappen,

6*

Aber Jochen schiebt die lange
Jungfernbundesfahnenstange
Durch die Hinterräder quer —

Schrupp! — und's Fuhrwerk geht nicht mehr. —

Bei den Beinen, bei dem Rocke
Zieht man ihn von seinem Bocke.

Jungfer Nanni mit der Krücke
Stößt ihn häufig in's Genicke.
Aber Jungfer Adelheid
Treibt die Sache gar zu weit,

Denn sie sticht in Kampfeshitze
Mit des Schirmes scharfer Spitze;

Und vor Schaden schützt ihn bloß
Seine warme Lederhos'. —

D'rauf so schaun sich fröhlich an

Pilgerin und Pilgersmann. —
Fern verklingt der Jungfernchor,
Bruder Jochen betet vor. —
Doch der böse Kutscher, dem

Alles dieses nicht genehm,

Meldet eilig die Geschichte
Bei dem hohen Stadtgerichte.
Dieses ladet baldigst vor
Jochen und den Jungfernchor.

Und das Urtheil wird gesprochen:
Bruder Jochen kriegt drei Wochen,
Aber Jungf- und Bruderschaften
Sollen für die Kosten haften. —

Ach! da schau'n sich traurig an
Pilgerin und Pilgersmann.

Dreizehntes Capitel.

Wo kriegten wir die Kinder her,

Wenn Meister Klapperstorch nicht wär?

Er war's, der Schnöcks in letzter Nacht
Ein kleines Zwillingspaar gebracht.

Der Vetter Franz, mit mildem Blick,
Hub an und sprach: „Oh, welches Glück!
Welch' kleine, freundliche Collegen!
Das ist fürwahr zwiefacher Segen!

Drum töne zwiefach Preis und Ehr!
Herr Schmöck, ich gratulire sehr!"

Bald d'rauf um Zwölf kommt Schmock herunter,
So recht vergnügt und frisch und munter.

Und emsig setzt er sich zu Tische,
Denn heute gibt's Salat und Fische.

Autsch! — Eine Gräte kommt verquer,
Und Schmöck wird blau und hustet sehr;

Und hustet, bis ihm der Salat
Aus beiden Ohren fliegen that.

Bums! Da! Er schließt den Lebenslauf.
Der Jean fängt schnell die Flasche auf.

„O!" — sprach der Jean — „Es ist ein Graus!
Wie schnell ist doch das Leben aus!"

Vierzehntes Capitel.

„Oh, Franz!" — ſpricht Lene — und ſie weint
„Oh, Franz! Du biſt mein einz'ger Freund!"

„Ja!" — ſchwört der Franz mit mildem Hauch —
„Ich war's, ich bin's und bleib es auch!

„Nun gute Nacht! Schon tönt es Zehn!
„Willsgott! Auf baldig Wiederſehn!"

Die Stiegen steigt er sanft hinunter. —
Schau, schau! Die Kathi ist noch munter.

Das freut den Franz. — Er hat nun mal
'n Hang für's Küchenpersonal.

Der Jean, der heimlich näher schlich,
Bemerkt die Sache zorniglich.

Von großer Eifersucht erfüllt,
Hebt er die Flasche rasch und wild.

Und — Kracks! Es dringt der scharfe Schlag
Bis tief in das Gedankenfach.

's ist aus: — Der Lebensfaden bricht. —
Helene naht. — Es fällt das Licht. —

Fünfzehntes Capitel.

————

Ach, wie ist der Mensch so sündig! —
Lene, Lene! Gehe in Dich! —

Und sie eilet tieferschüttert
Zu dem Schranke schmerzdurchzittert.

Fort! Ihr falschgesinnten Zöpfe,
Schminke und Pomadetöpfe!

Fort! Du Apparat der Lüste,
Hochgewölbtes Herzgerüste!

Fort vor Allem mit dem Uebel
Dieser Lust- und Sündenstiebel!

Trödelkram der Eitelkeit,
Fort, und sei der Gluth geweiht!!

Oh, wie lieblich sind die Schuhe
Demuthsvoller Seelenruhe!! —

7*

Sieh, da geht Helene hin
Eine schlanke Büßerin!

Sechzehntes Capitel.

Es ist ein Brauch von Alters her:
Wer Sorgen hat, hat auch Likör!

„Nein!" — ruft Helene -- „Aber nun
Will ich's auch ganz — und ganz — und ganz —
und ganz gewiß nicht wieder thun!"

Sie kniet von ferne fromm und frisch.
Die Flasche stehet auf dem Tisch.

Es läßt sich knien auch ohne Pult.
Die Flasche wartet mit Geduld.

Man liest nicht gerne weit vom Licht.
Die Flasche glänzt und rührt sich nicht.

Oft lieſt man mehr als wie genug.
Die Flaſche iſt kein Liederbuch.

Gefährlich iſt des Freundes Nähe.
O, Lene, Lene! Wehe, Wehe!

Oh, sieh! — Im sel'gen Nachtgewande
Erscheint die jüngstverstorb'ne Tante.

Mit geisterhaftem Schmerzgetöne —
„Helene!“ — ruft sie — „Oh, Helene!!!“

Umsonst! — Es fällt die Lampe um,
Gefüllt mit dem Petroleum.

Und hülflos und mit Angstgewimmer
Verkohlt dies fromme Frauenzimmer.

Hier sieht man ihre Trümmer rauchen.
Der Rest ist nicht mehr zu gebrauchen.

Siebenzehntes Capitel.

Hu! draußen welch' ein schrecklich Grausen!
Blitz, Donner, Nacht und Sturmesbrausen! —

Schon wartet an des Haufes Schlote
Der Unterwelt geschwänzter Bote.

Zwar Lenen's guter Genius
Bekämpft den Geift der Finfternuß.

Doch dieser kehrt sich um und packt
Ihn mit der Gabel zwiegezackt.

O weh, o weh! der Gute fällt!
Es siegt der Geist der Unterwelt.

Er faßt die arme Seele schnelle

Und fährt mit ihr zum Schlund der Hölle.
Hinein mit ihr!! — Huhu! Haha!

Der heil'ge Franz ist auch schon da.

Schluß.

Als Onkel Nolte dies vernommen,
War ihm sein Herze sehr beklommen.

Doch als er nun genug geklagt:
„Oh!" — sprach er — „Ich hab's gleich gesagt!"

„Das Gute — dieser Satz steht fest —
Ist stets das Böse, was man läßt!"

„Ei ja! — da bin ich wirklich froh!
Denn, gottseidank! Ich bin nicht so!!"